Desenhos Chineses para Colorir

Desenhos Para Adultos

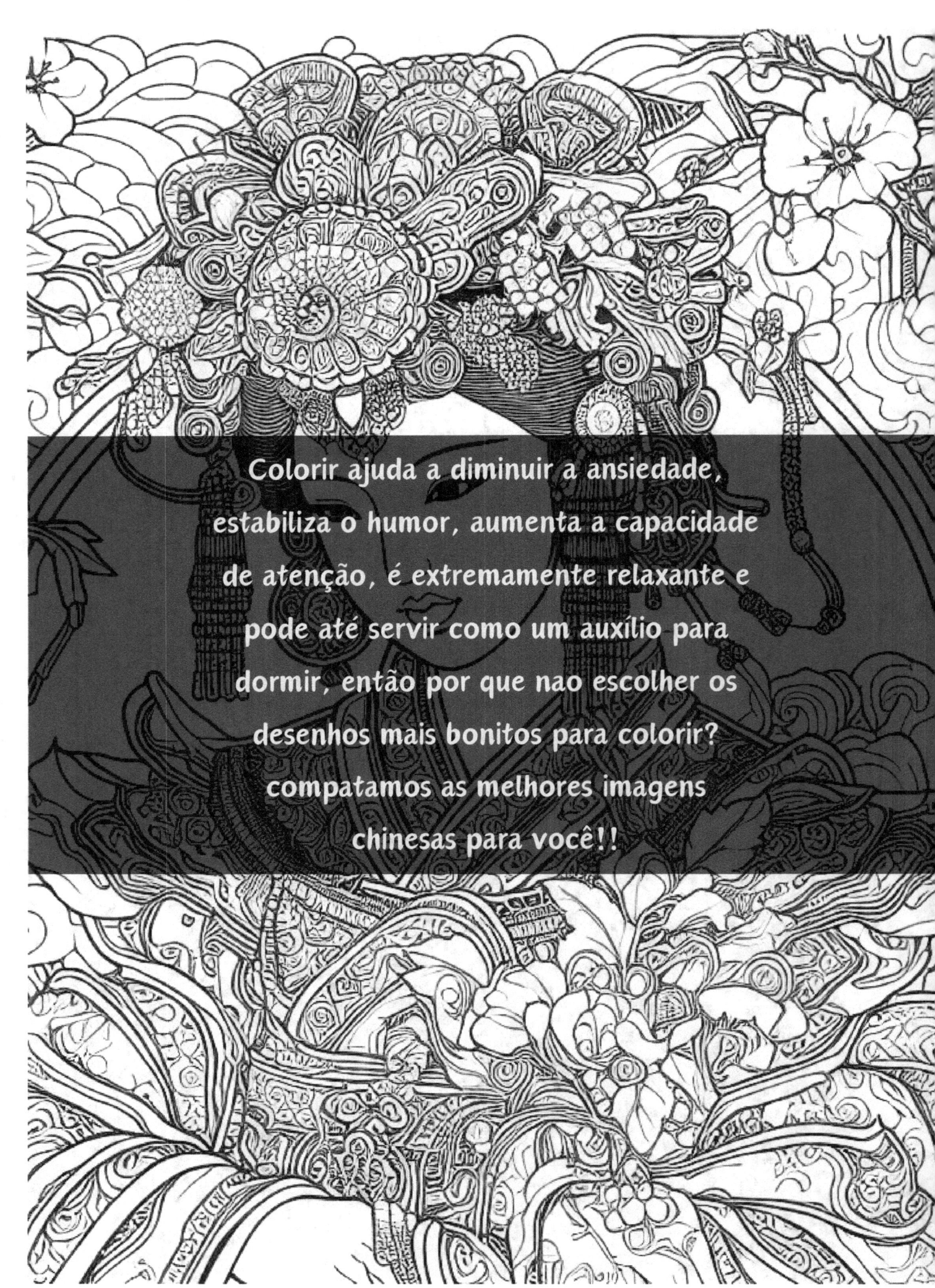

Colorir ajuda a diminuir a ansiedade, estabiliza o humor, aumenta a capacidade de atenção, é extremamente relaxante e pode até servir como um auxílio para dormir, então por que nao escolher os desenhos mais bonitos para colorir? compatamos as melhores imagens chinesas para você!!

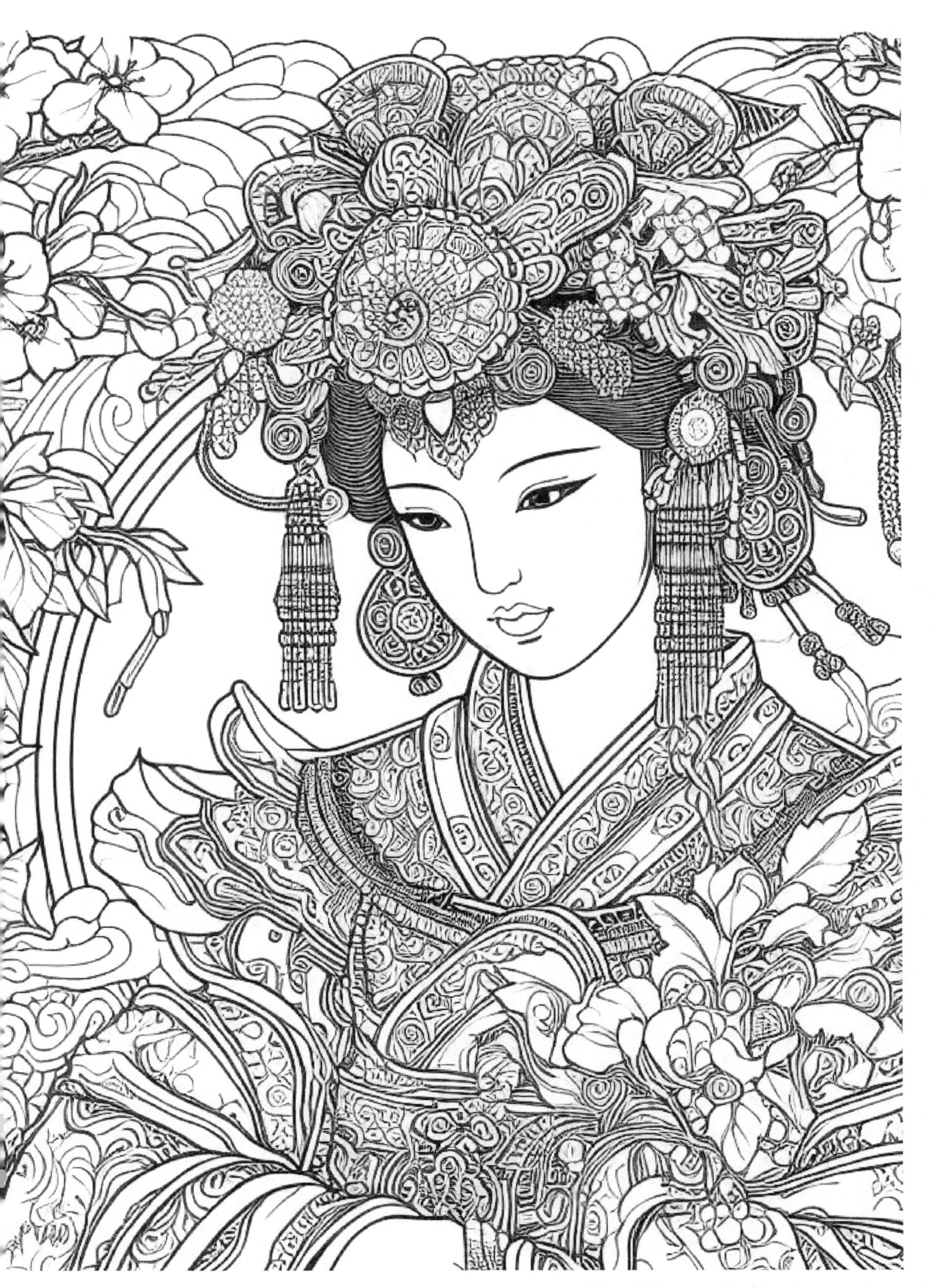

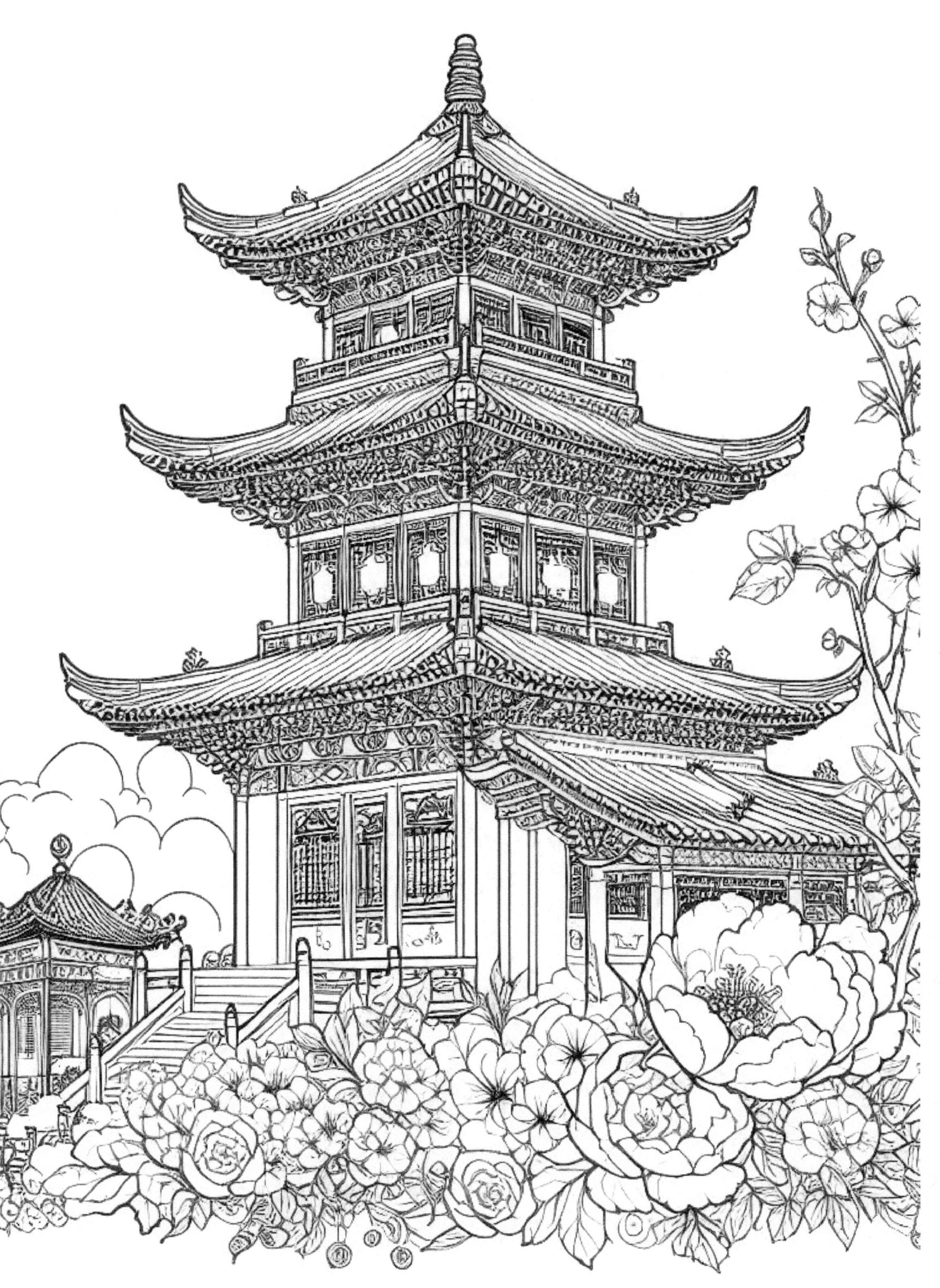

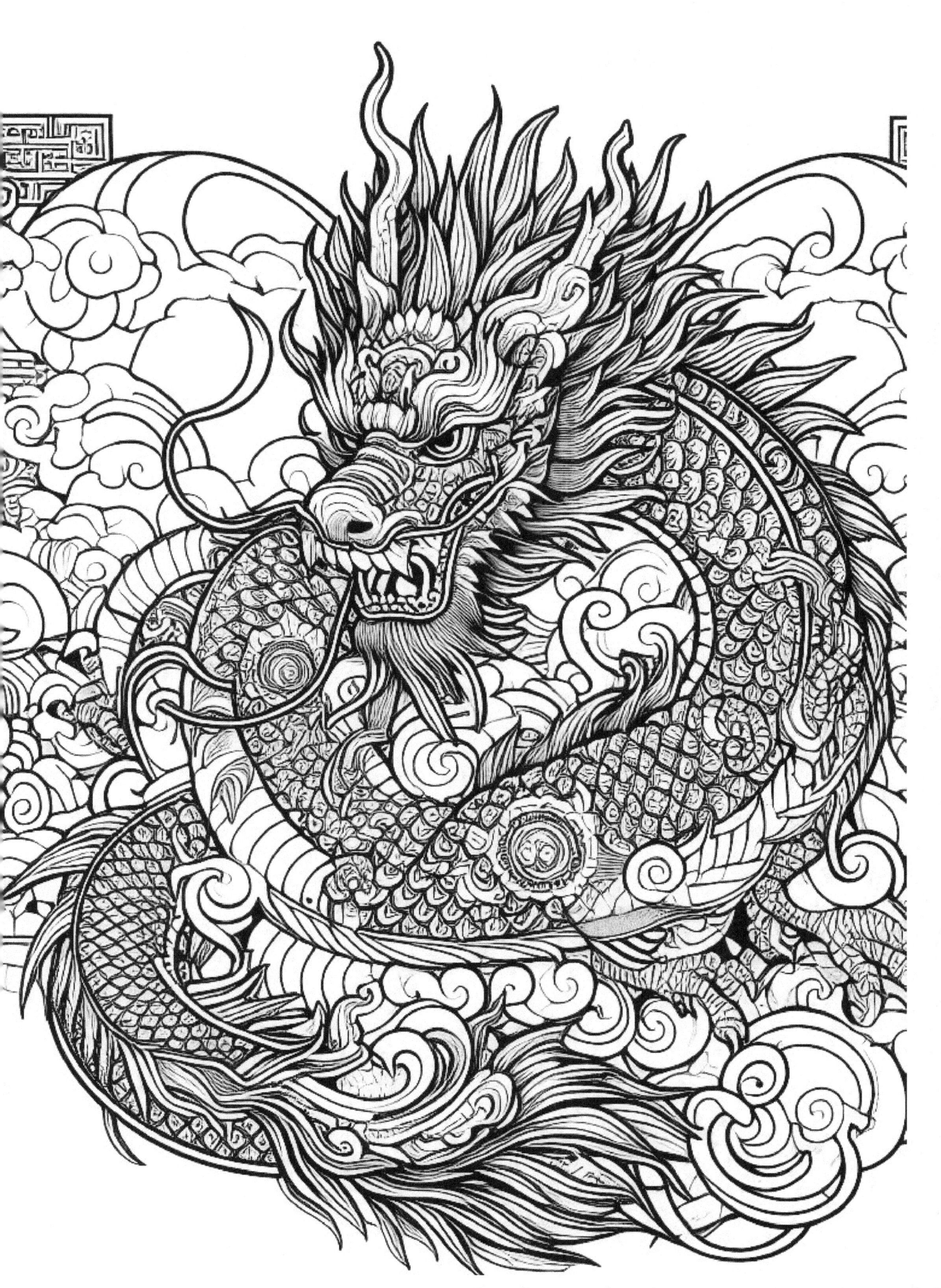

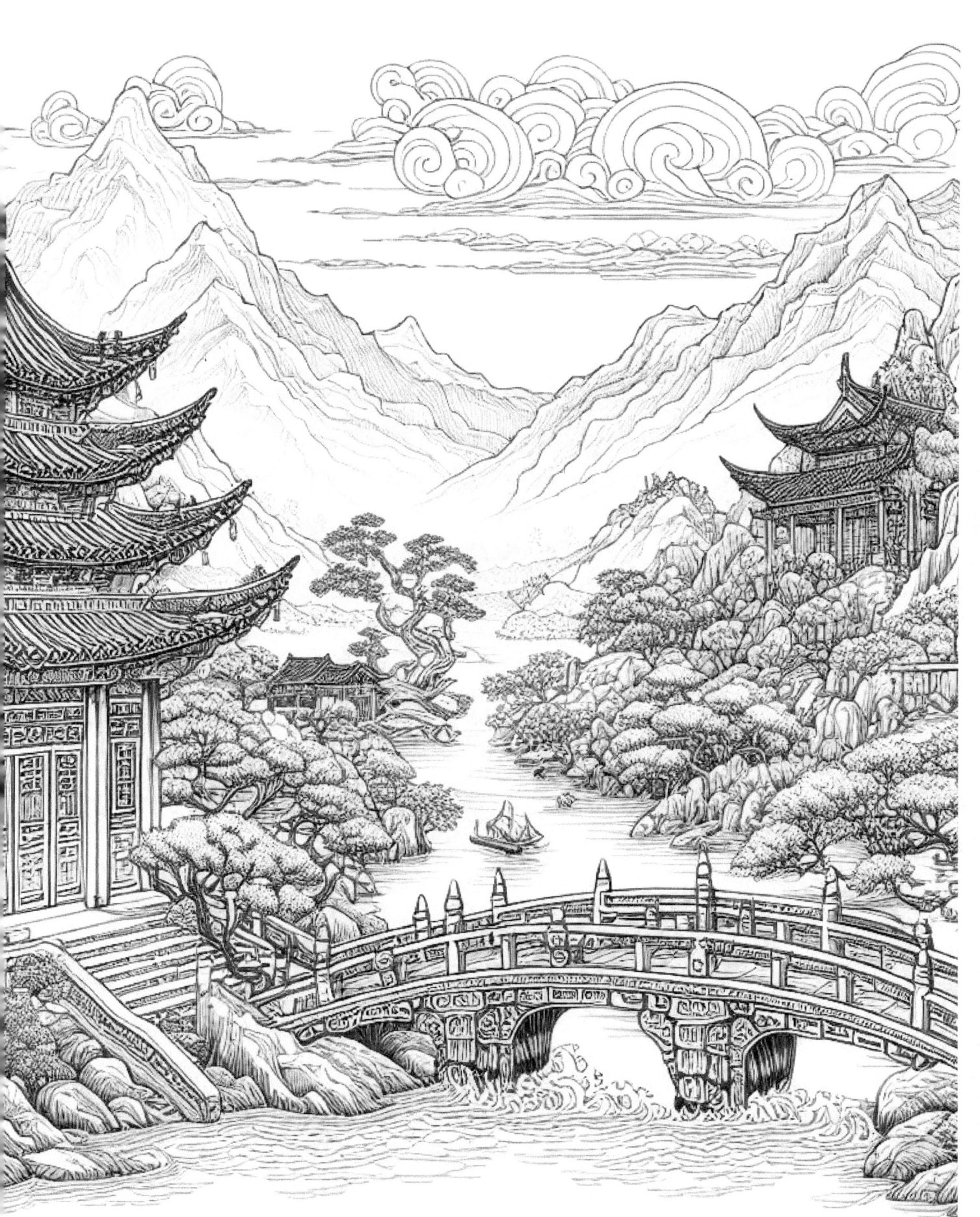

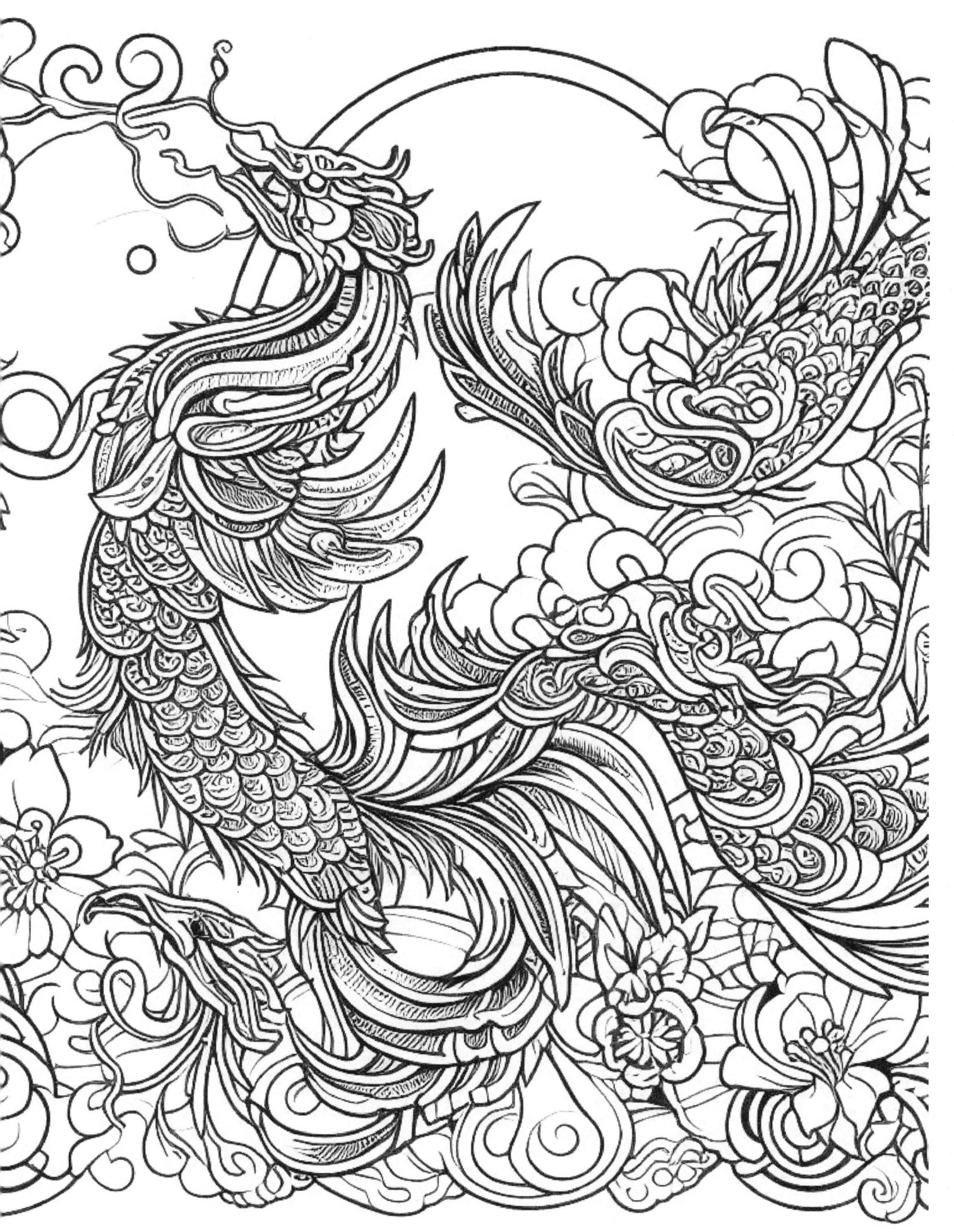

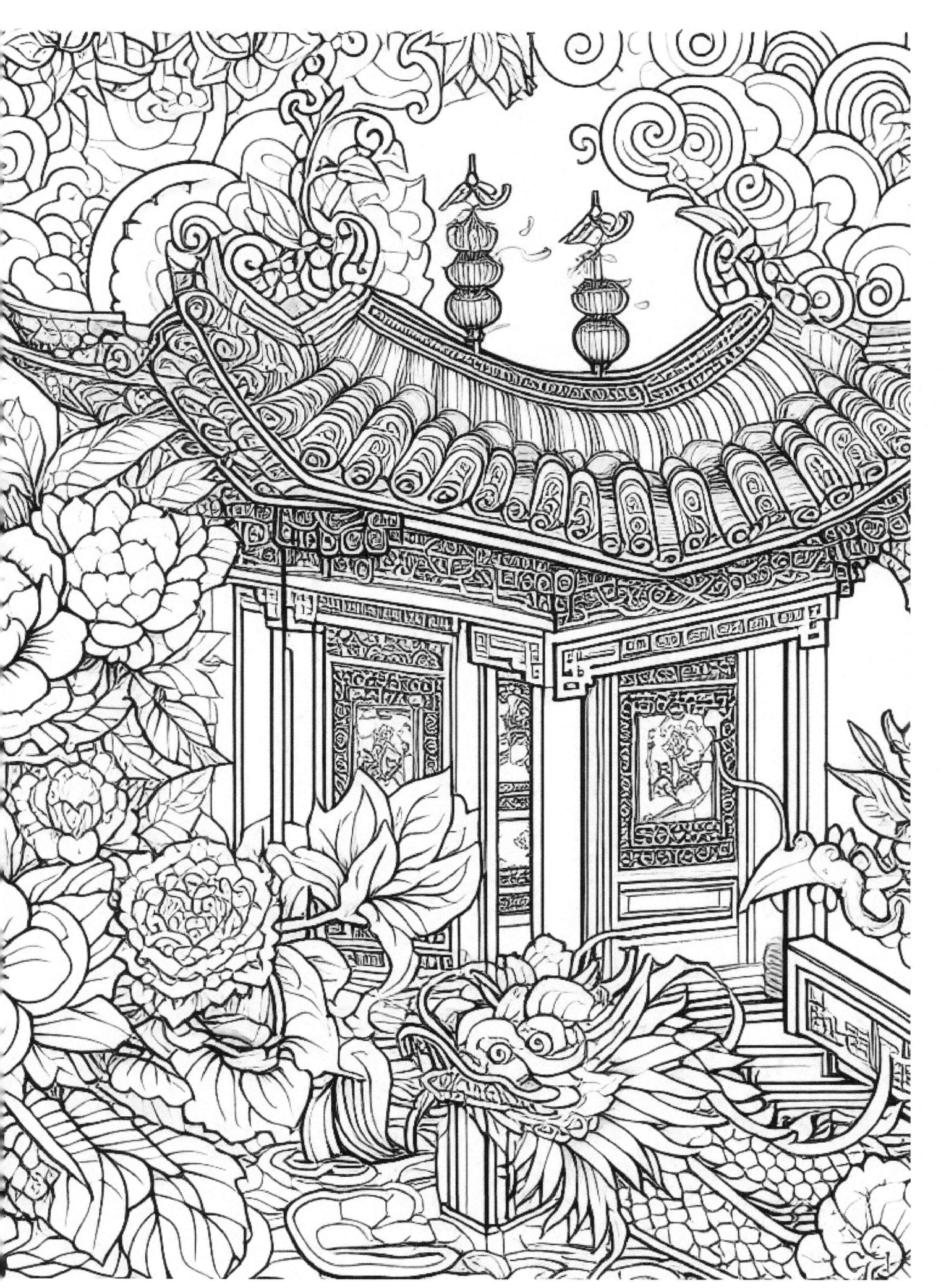

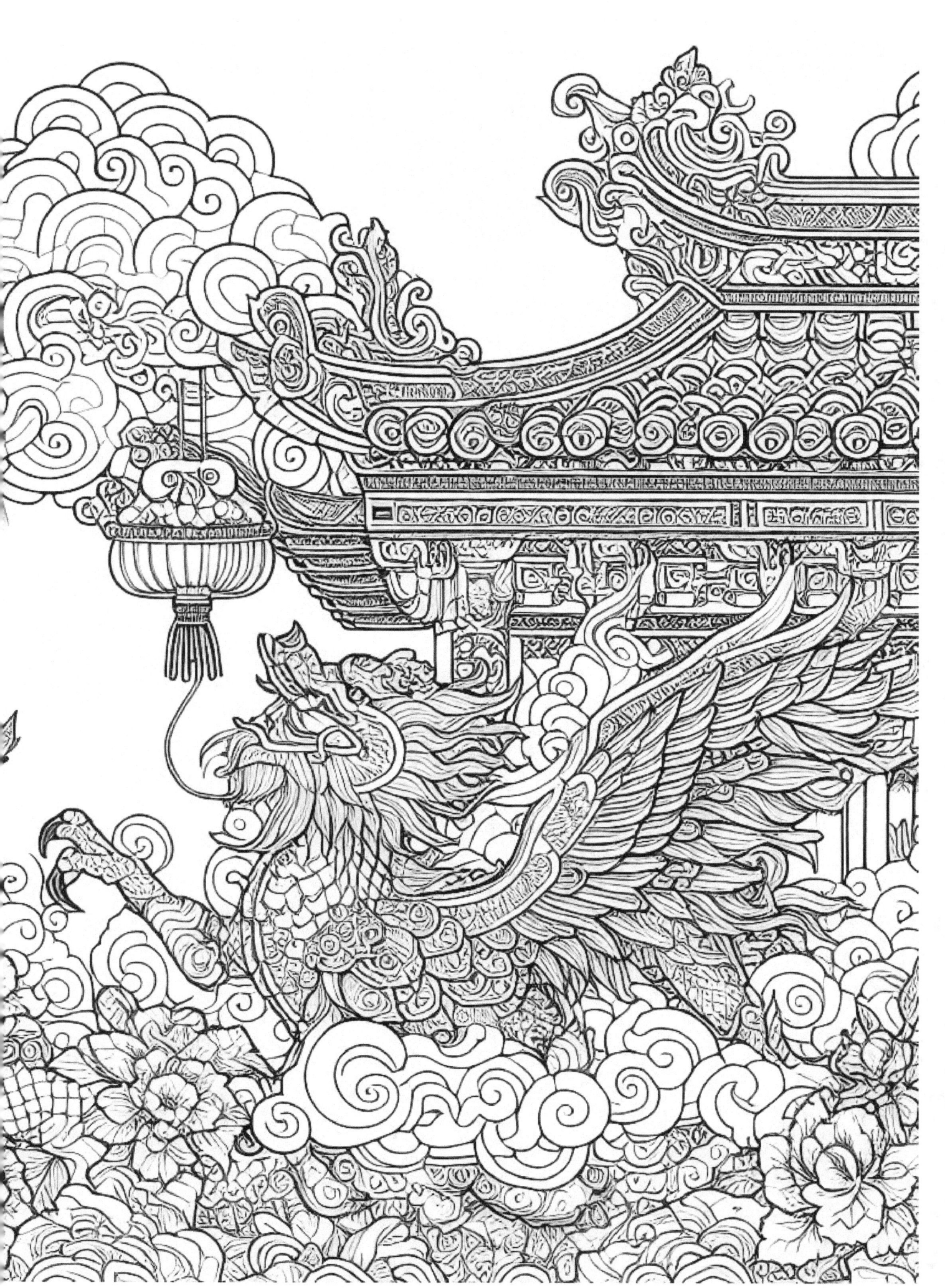

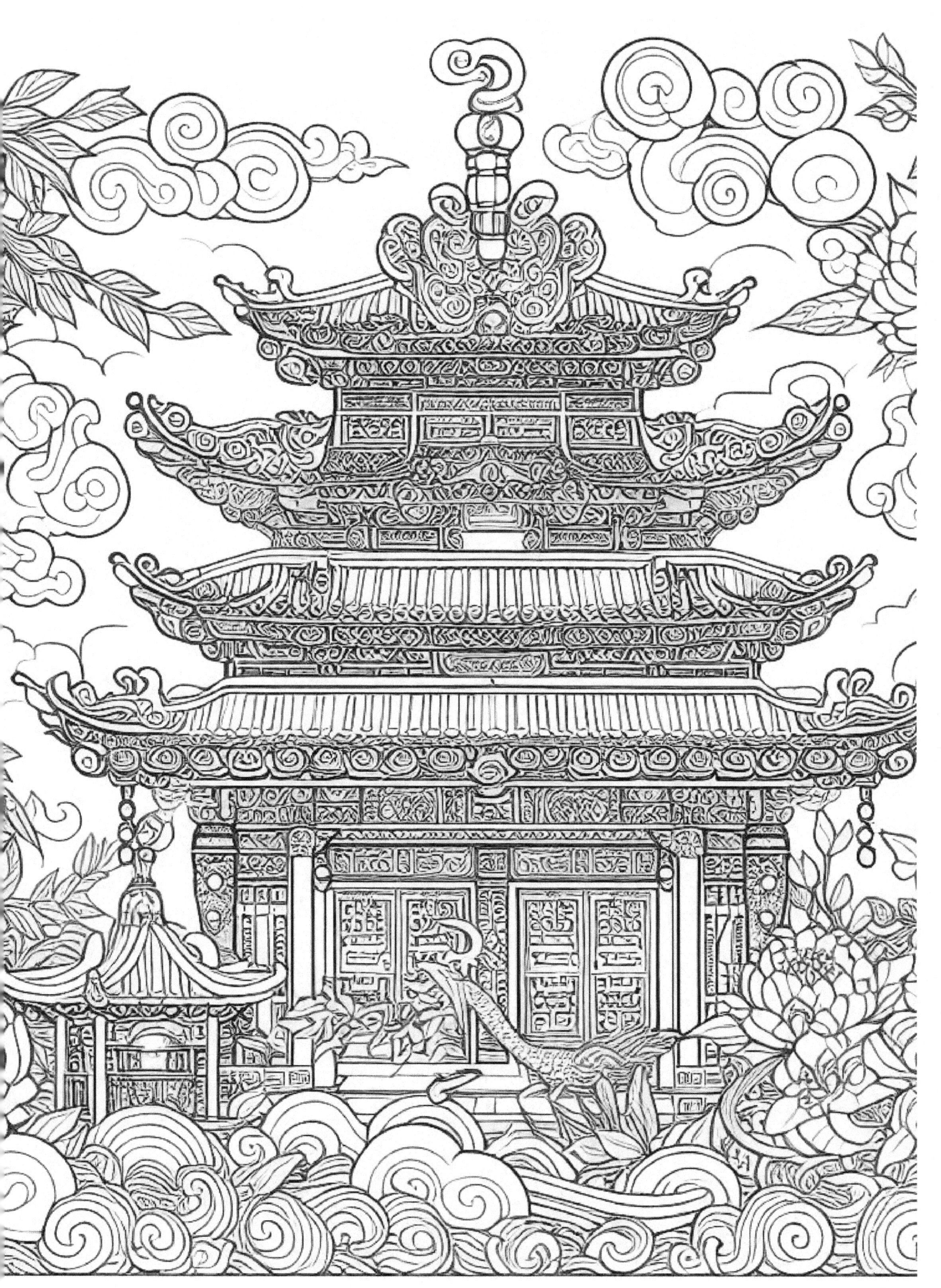

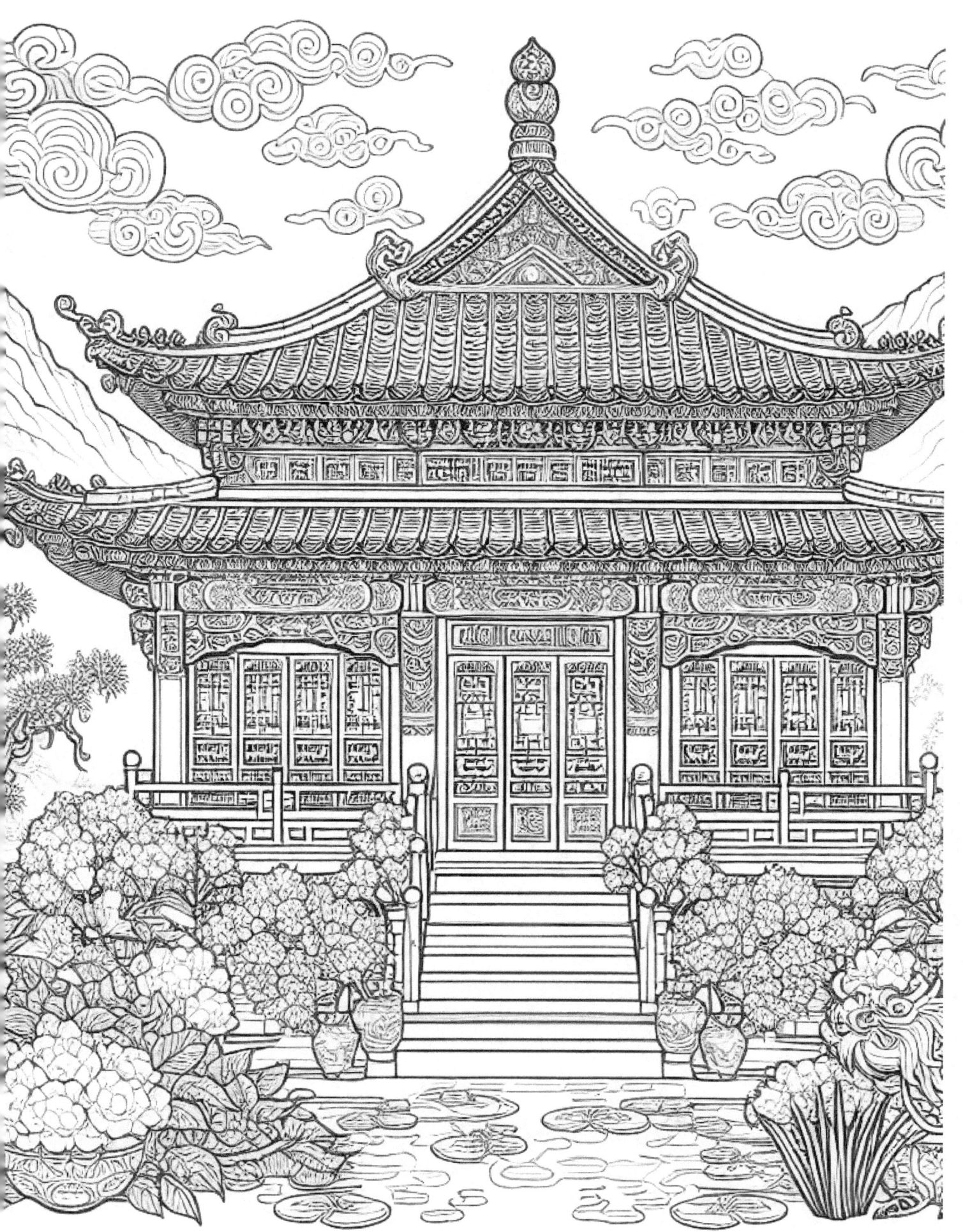

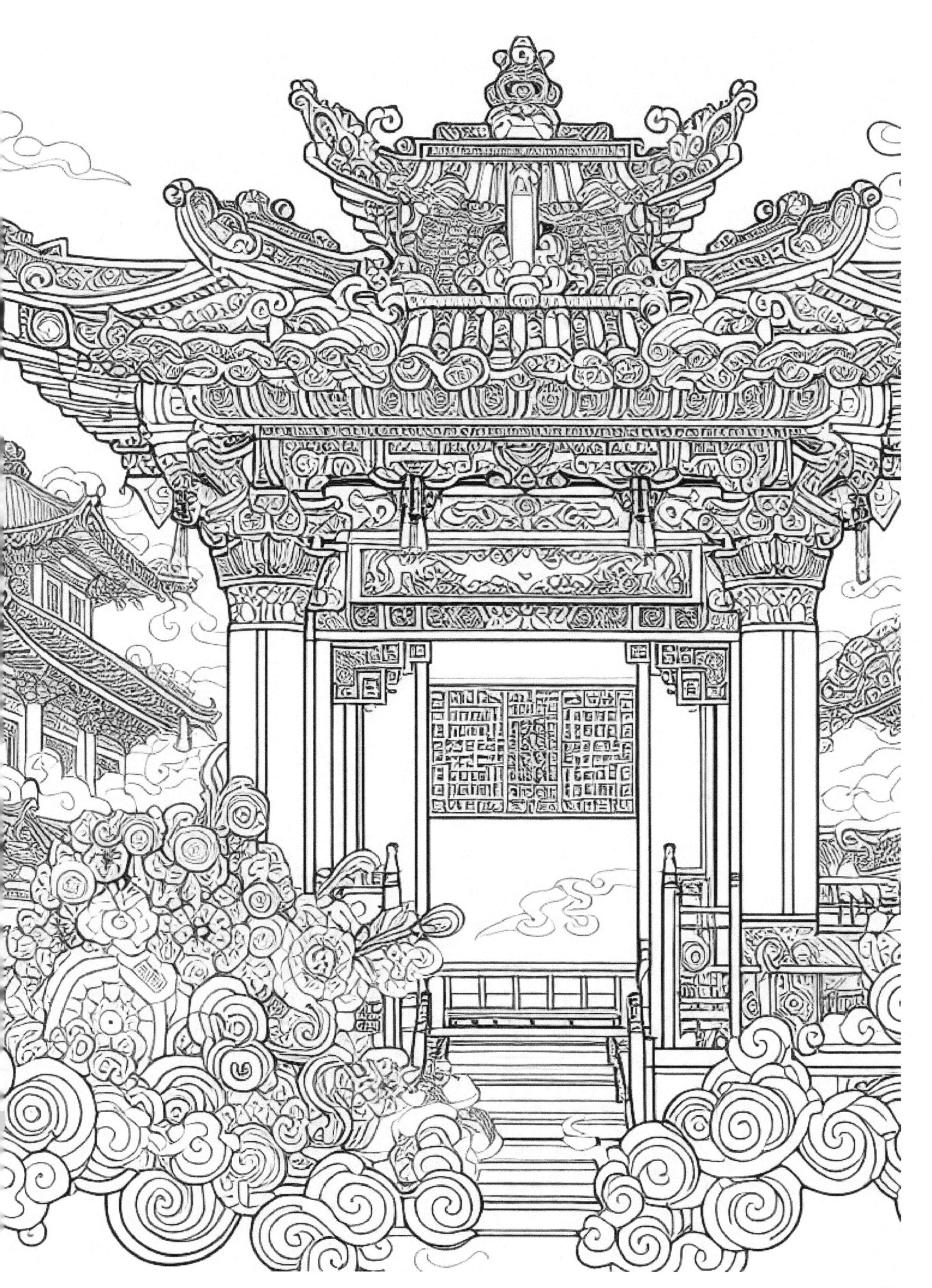

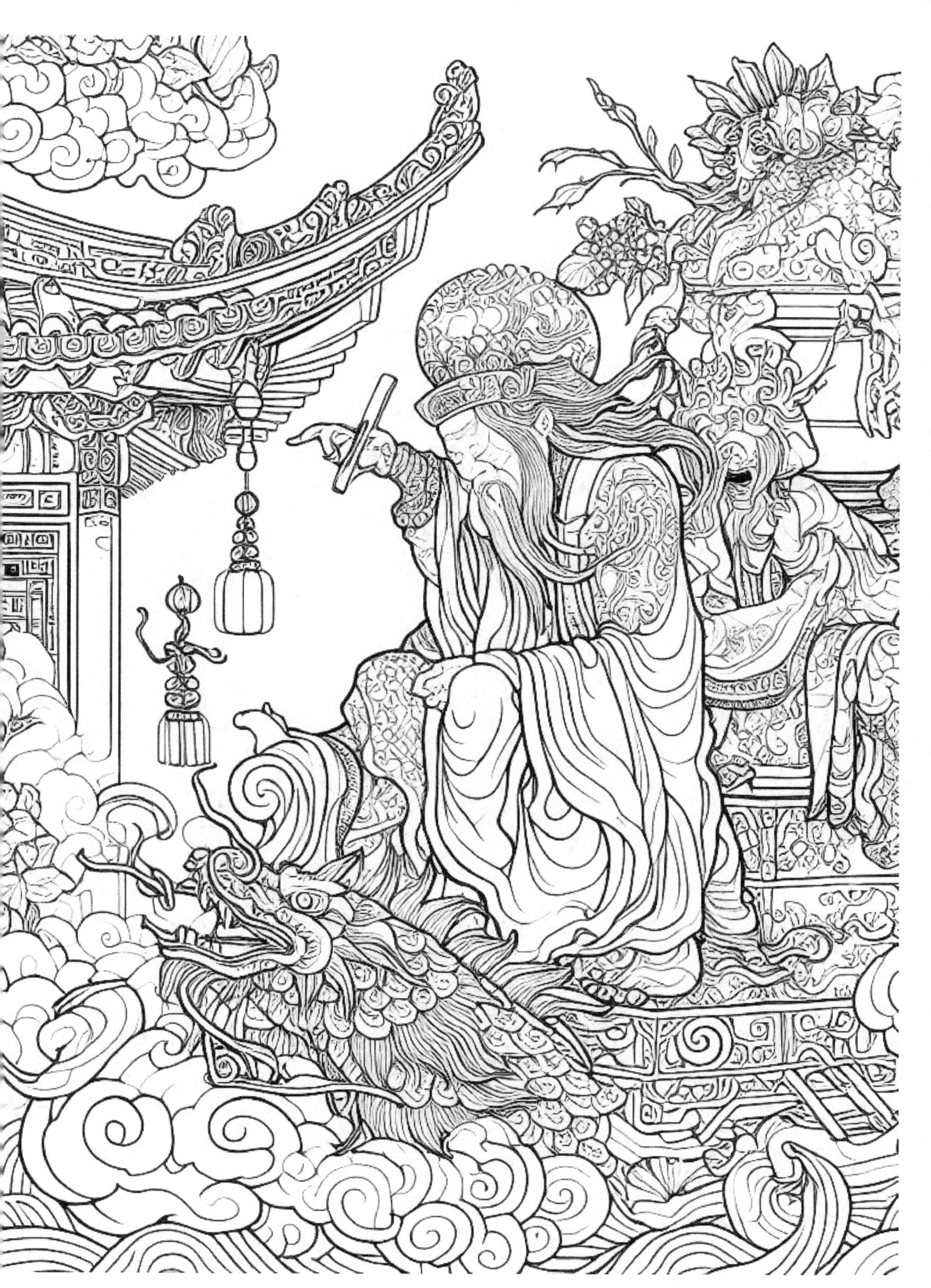

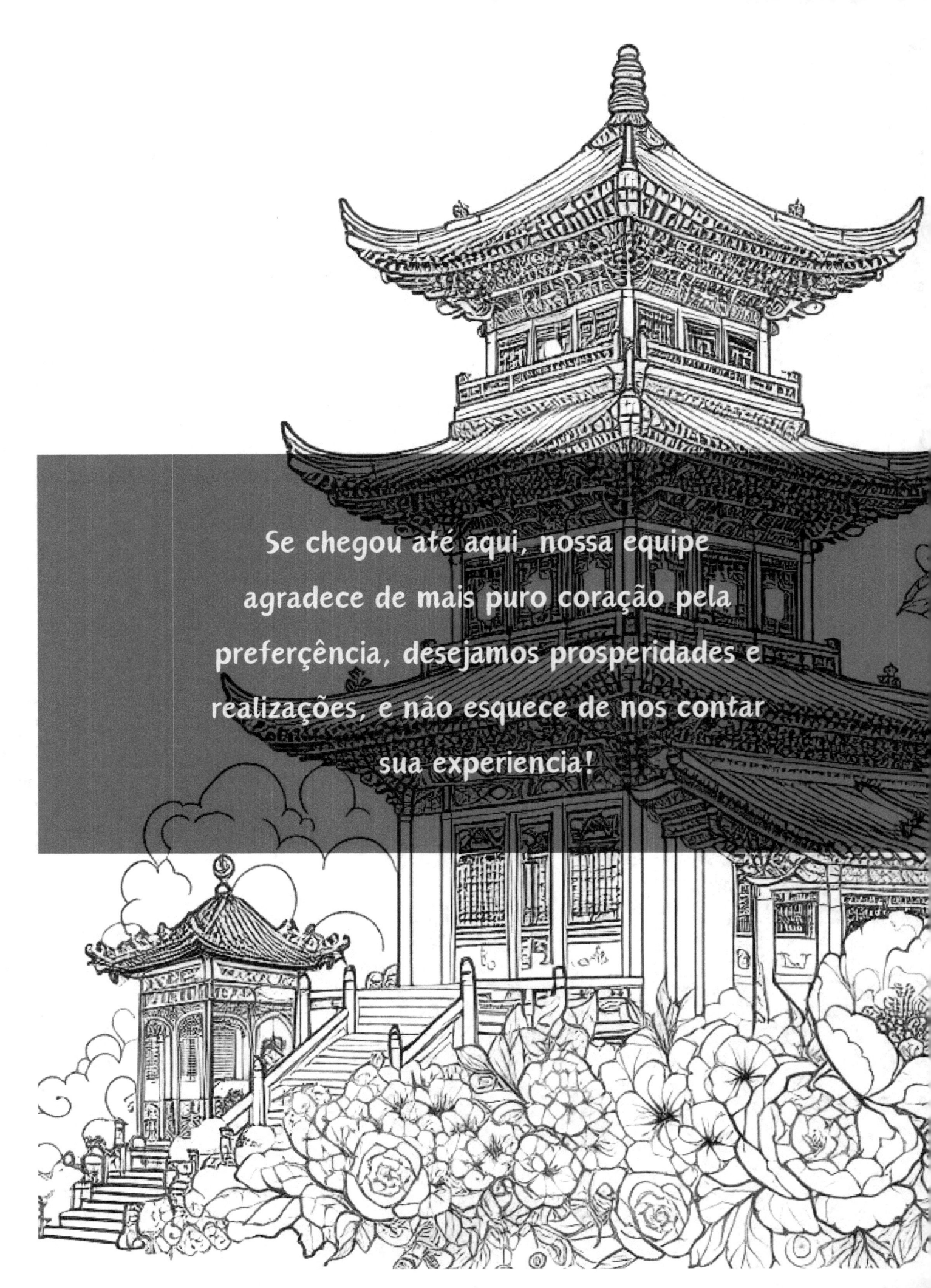

Se chegou até aqui, nossa equipe
agradece de mais puro coração pela
preferçência, desejamos prosperidades e
realizações, e não esquece de nos contar
sua experiencia!

www.ingramcontent.com/pod-product-compliance
Lightning Source LLC
Chambersburg PA
CBHW082231290526
45794CB00009B/3761